AF260387

LES
YEUX OUVERTS
SUR
LA VÉRITÉ,

CONTENANT :

Le fameux Ecrit de GOUTRAY, dit le Capitaine Sabord ;

L'Extrait du Moniteur des 20 et 30 germinal an 6 ;

ET LES DROITS AU TRONE,

PAR B. LOUSI.

PARIS,

Chez ARNAUD, Éditeur, place St.-André-des-Arcs, Hôtel des Trois Maures.

1815.

LES YEUX OUVERTS SUR LA VÉRITÉ.

Les Bourbons, en nous quittant, nous ont menacés de leur retour. Nous les connaissons assez maintenant pour ne jamais consentir à les recevoir dans telles circonstances qu'ils se présentent, fussent-ils même précédés et suivis des armées coalisées, derrière lesquelles ils se sont glissés en 1814, pour monter sur un trône où nous les avons soufferts, mais où nous ne les avons pas appelés : certes, nous n'y pensions guères, et ils en ont imposé à toute l'Europe, ceux qui osèrent appeler Louis XVIII *le Désiré*, au nom de la Nation. Nous désirions la paix pour nous délivrer des étrangers , que des traîtres avaient laissé pénétrer dans la capitale , et nous acceptâmes les Bourbons , parce que , dans la consternation où nous jetta la trahison dont nous fûmes les victimes, on parvint à nous faire croire que c'était le seul moyen de nous débarrasser des armées ennemies, qui ravageaient notre patrie sur tous les points. Nous consentîmes à tous les sacrifices en acceptant ce prince qui devait se dire *roi par le grâce de Georges, de Talleyrand, du hasard et des Kosaques,* et qui eut été bien mieux nommé *Louis le Supporté.* Eh bien ! à peine est-il arrivé, que dédaignant tous nos sacrifices , et méprisant cette volonté nationale qui consentait à souffrir sur le trône un prince qu'elle n'y avait point appelé , il refuse cette constitution dont l'acceptation était la première condition de son entrée à Paris ; il ose la trouver trop libérale , et nous le souffrons..... Bientôt il nous en offre une seconde , qu'une simple lecture dans une *Assemblée royale*, composée des deux chambres, contrairement à toutes les lois divines et humaines, fit regarder comme acceptée et sanctionnée par le peuple ; le roi jure de la maintenir, et il n'a cessé de la violer pendant le court espace de son règne éphémère : il l'eut entièrement anéantie d'un seul coup, s'il avait pu le faire impunément. Son premier acte de royauté est un hommage servile de sa couronne au régent d'Angleterre. Nous étions donc devenus comme la Hollande et la Belgique, une province anglaise, que gouvernait un préfet nommé par le gouvernement britannique. A quel excès d'humiliation se voyait réduite cette nation, naguères la première.

Et, pour combler l'outrage, il a l'impudeur de dater ses ordonnances de la dix-neuvième année de son règne. La dix-neuvième année.....! Quoi ! nous étions depuis dix-neuf ans *le peuple de Louis XVIII !* C'est du fond d'un château en Angleterre, qu'il gouvernait *son royaume de France*. C'est donc aux soins de son *gouvernement paternel* que nous avions dû toutes les horreurs de l'anarchie ? Est-ce aussi à lui que nous devions tout ce qui s'est fait d'utile et de grand pendant ce temps, ces chemins, ces canaux, ces établissemens formés sur tous les points de la France, ces embellissemens achevés ou projetés, qui rendront Paris la plus belle ville de l'Univers ; et cette gloire nationale que toute l'Europe nous envie, ces innombrables victoires que des traîtres ont éclipsées un moment ; cette supériorité de nos manufactures, et enfin cette expansion de lumières qui, parvenue dans toutes les classes de la société, nous éclaire sur nos droits, et nous donnera le courage de les soutenir ? Grâces lui soient rendues pour les dons magnifiques qui ont éternisé ce règne bienfaisant ; espérons-en de plus grands encore pendant ce nouvel exil dont la fin touche aux portes de l'éternité. Mais pourquoi ce grand prince a-t-il attendu la dix-neuvième année de son règne pour substituer son drapeau blanc au pavillon tricolore, que toutes les nations reconnaissaient et voyaient avec respect , ainsi que l'aigle redoutée qui avait tant de fois conduit nos braves à la gloire , et que la victoire n'abandonna quelquefois que lorsque des traîtres , déconcertant les mesures prises pour assurer nos succès , nos phalanges , surprises et désorganisées par des ordres perfides , se voyaient forcées de reculer devant un ennemi qui ne se hasardait jamais à les suivre , qu'après s'être assuré d'une nouvelle trahison , ou lorsque les élémens , le favorisant en frappant nos guerriers , enchaînaient leur courage ?

Tout - à - coup l'aigle est abattue , notre pavillon enlevé , et le drapeau blanc est arboré , ainsi que la cocarde qui fut le signe de ralliement des émigrés et des assassins (les chouans) , qui ravagèrent la Bretagne , où ils commirent toutes les horreurs. Et cette cocarde vint se placer sur la tête de nos braves consternés ; avec elle reparurent les lys, qui depuis si long-temps ne fleurissaient plus dans les sentiers de l'honneur : on les vit un instant sur la poitrine de nos guerriers, reprendre un éclat qu'ils eurent bientôt perdu lorsqu'ils furent portés par ces brigands que la fuite avait dérobés au glaive de la justice ; et qui revenaient, accompagnés de ces mêmes prêtres qui, dans la Vendée, leur prêchaient l'évangile, un poignard à la main. Que revenaient-ils faire en France, les proscrits que l'on n'y voyait qu'avec horreur, et que l'on n'y souffrait que pour prouver que nous étions prêts à faire pour la paix et la tranquillité, tous les sacrifices en faveur d'un prince que le hasard nous ramenait, et qui était absolument inconnu de la génération présente ? Bientôt on le sut ce qu'ils venaient faire. Accaparer les emplois, briguer tous les titres et usurper les récompenses méritées par les braves qui avaient défendu la patrie, contre eux qui osèrent l'attaquer en combattant dans les rangs ennemis. Alors on vit reparaître une foule d'uniformes qui rappelaient de pénibles (je devrais dire d'affreux) souvenirs ; et Paris fut inondé de décorations, pour la plupart inconnues, et de chevaliers d'ordres entièrement oubliés. On en riait, et la nation, fière de sa légion d'honneur, l'opposait avec orgueil à tous ces hochets de l'esclavage, que la plupart de ceux qui les portaient devaient à l'intrigue, à la cupidité, ou les avaient hérités de leurs pères. Et nos braves, en se rencontrant dans les salons, où ces *revenans* semblaient les regarder avec un méprisant orgueil, se montraient la marque glorieuse de leur valeur ou de leur mérite, en se répétant Honneur et Patrie. Mais on ne put leur laisser cette consolation ; on voulut les punir de leur noble fierté, et voyant qu'il serait impossible d'abattre cette institution vraiment nationale, on voulut au moins la discréditer : on la prodigua, et bientôt des chouans la déshonorèrent en la portant. On la trafiqua ouvertement à la cour; un misérable prêtre (l'abbé L.....), et quelques autres intrigans, devinrent les principaux agens de ce commerce infâme, et, moyennant un cadeau et une somme de 600 f., on l'obtenait de première main ; mais quand on ne pouvait arriver directement à l'entrepôt, il fallait recourir à des entremetteurs ou entremetteuses , et on la payait quelquefois jusqu'à 15 ou 1800 fr. Les places étaient de même à l'encan, et tel valet suivant la cour , qui dédaignait un emploi qu'il n'eût pu d'ailleurs occuper, préférait en faire vendre plusieurs, dont il retirait un bénéfice. Aviez-vous, à prix d'argent, obtenu la protection d'un valet, d'un prêtre, d'une catin ou d'un chouan ? vous pouviez prétendre à tout ; pour quelques louis de plus, on eut fait un abbé colonel , ou un militaire prêtre, ce qui n'était pas si difficile ; et tel qui

avait porté , ou était sur le point de
porter le petit collet , se glissait dans
les mousquetaires ou dans les chevau-
légers. Ce systême avait une organisa-
tion complette ; il n'eut fallu , de la part
des meneurs , qu'un peu plus de pru-
dence , et attendre encore quelques années ; mais les affamés voulaient jouir
de suite : et, pour trop vouloir , ils
ont tout perdu. Voilà le régime que
quelques bonnes âmes regrettent, sans y
avoir même un intérêt direct. Mais
c'étaient leurs bons princes, ces augustes Bourbons, cette famille illustre qui
devait toujours régner en France , par
la raison qu'elle occupa le trône pendant deux siècles, et que dans une longue
suite de rois, il s'est trouvé un Henri IV.
Mais cette famille dégénérée est entièrement usée dans toutes ses branches.
L'opinion la condamne à s'éteindre pai-
siblement dans l'obscurité, et à renon-
cer à une couronne dont elle ne pourrait supporter le poids. Eh quoi ! pour
les vertus qu'ont pu montrer leurs pré-

décesseurs, il faudrait adorer jusqu'aux vices de ceux-ci : quelle sottise ! Mais ils sont partis pour toujours ; ils ne reprendront plus une couronne qu'ils ont avilie, et c'en est fait des *rois de France et de Navarre* : tels appuis qu'ils réussissent à se procurer, la Nation française les a vus, les a connus, les a jugés ; elle n'en veut plus, et malheur aux étrangers qui oseraient les accompagner. Mais vous, aveugles partisans des Bourbons, les connaissez-vous ? Oui, probablement par les récits que vous en ont fait les émigrés et quelques bonnes dévotes endoctrinées par leurs confesseurs. Mais s'ils étaient vraiment ce que voudraient le faire croire leurs partisans, pourquoi ont-ils été généralement abandonnés ? Pourquoi pas un militaire n'a-t-il voulu prendre les armes pour eux ? Pourquoi, malgré l'or qu'ils ont prodigué pendant dix à douze jours, malgré les placards les plus incendiaires et les plus propres à exciter une guerre civile, n'a-t-on vu pour eux que deux à trois mille volontaires , dont plus de quinze cents n'ont paru que pour recevoir l'argent ? et sur mille à douze cent qui ont passé les revues , il n'en est parti qu'environ une douzaine pour aller au-devant de l'*ennemi* ; encore sont-ils sortis de Paris sans armes, la cocarde tricolore en poche , qu'ils ont arborée au bruit des premiers tambours entendus sur la route , et ils sont allés embrasser les militaires qui arrivaient la crosse en l'air. Et la *brillante* maison du roi , dont plus de moitié , assez sage pour sentir que des Français ne devaient pas se battre contre des Français , est demeurée paisible spectatrice ; le reste ne tardera pas à reparaître. Mais les champions de cette *vaillante* noblesse , qui pendant huit jours , par le courage qu'ils montraient, ont fait frémir tout Paris , qui s'attendait à voir livrer sous ses murs , la bataille la plus sanglante ; demandez au quartier-général de Ville-Juif , si l'on en a vu un seul ? même leur fringant général , le duc de Berri ?

On avait chargé la garnison de Paris de la défense du roi, et d'une noblesse qui ne daignait pas même prendre la peine de cacher le mépris qu'elle avait pour tout ce qui ne comptait pas seize quartiers, et la haine qu'elle portait à tous ceux qui étaient parvenus aux emplois pendant les dix-neuf années qu'elle avait passé à la cour ambulante de son roi fugitif, qui n'avait fait parade de vouloir aller mourir à l'armée, que pour avoir un prétexte de faire préparer des voitures pour se sauver, en emportant tout du château; on y a vu emballer jusqu'à la batterie de cuisine, instrumens nécessaires à la *restauration*. Les preux émigrés ont su retrouver pour fuir, cette légéreté que l'âge semblait leur avoir fait perdre; on reconnaît bien là les héros de Coblentz et de la Vendée. Partez, vaillans soldats, avec vos généraux! faites de nouvelles armées de Condé, de Bourbons, des légions de Mirabeau! que votre généralissime de Berri vous

exerce *à l'anglaise!* Vous avez un traître
pour diriger vos parcs d'artillerie et
pour défendre vos places, vous trou-
verez des Sarrasins et des Alphonse
B***, pour vous faire des plans de
campagnes et pour écrire vos hauts faits
d'armes avec *exactitude* et *fidélité.* On
vous apprendra l'exercice, que vous
avez dû oublier, si toutefois vous l'avez
jamais su. Votre général *Ferdinand* vous
donnera l'exemple de la sobriété et de
toutes les vertus militaires ; dans les
revues, il pourra se trémousser à son
aise dans vos rangs, il pourra invectiver
ses soldats, arracher des épaulettes et
des décorations, qui ne sont pas celles
de l'honneur. Habitués pour la plupart
au mépris qui vous accable depuis
vingt ans, vos âmes flétries ne sentiront
point, comme les militaires français,
de pareils outrages. D'ailleurs, n'est-ce
pas un prince chéri qui vous les fera ?
L'aimable et *vaillant* petit-fils d'Henri
IV, dont il a toutes les *vertus.* Vils
flagorneurs, vous étiez donc parvenus

à le lui faire croire, et vous, Princes inceptes et pusillanimes, vous avez pu vous estimer les dignes rejetons du plus grand des rois; vous, qui n'avez de commun avec lui que le nom de Bourbon, que vous déshonorez par les vices dont vous êtes entachés. C'est à l'abri de ce nom, qui fut votre égide, que l'on a pu vous recevoir en France : Vous, depuis si long-tems étrangers à cette belle contrée, que vous vouliez diviser et remettre sous le joug du fanatisme et de la féodalité, vous pouviez prétendre aux vertus du grand Henri ! Que des folliculaires bien payés l'aient écrit, que des flatteurs vous l'aient répété pour obtenir des grâces et des titres dont ils sont si avides, rien n'est plus naturel : mais que vous ayez été jusqu'à le croire, ah ! c'est le comble de l'extravagance !

Le voile qui vous couvrait est déchiré, nous vous connaissons tous, et jamais nous ne souffrirons votre retour. Nous avions pensé que vingt-cinq ans d'exil, auraient pu vous corriger et vous décider à faire élever vos enfans dans des principes plus conformes à la raison et au progrès des lumières. Nous n'avons pas voulu vous renvoyer, pour épargner les flots de sang qui eussent coulé avant que nous ayons réussi à purger la France des hordes étrangères qui la couvraient dans le nord et dans le midi. Grâces aux traîtres qui leur livraient nos légions et nos villes sans défense ; mais qu'ils reviennent aujourd'hui que nous avons à leur opposer cinq cent mille soldats exercés, brûlant du désir de venger leur honneur indignement outragé, et deux millions de citoyens prêts à prendre les armes pour repousser ces barbares qu'ils connaissent trop bien à présent pour les craindre ; qu'ils osent remettre le pied sur le sol de l'empire, leur sang purifiera cette terre qu'ils ont deux fois souillée par leur présence, toutes nos frontières seront pour eux ce que fut en

1792 le camp de la Lune et les plaines
de la Champagne.

Mais vous, de quels droits préten-
driez-vous gouverner, malgré lui, un
peuple qui vous rejette? Du droit d'hé-
rédité !..... Mais ce droit chimérique;
vous l'aviez perdu : et quels titres avez-
vous pour le recouvrer ? Vos vertus: et
quelles vertus avez-vous montrées ?......
Est - ce l'amour du peuple ? Voyez
comme on vous l'a prouvé: pas un Français ne s'est armé pour vous; le seul
secours que l'on vous a accordé, a été
de vous faciliter les honneurs de la
fuite, et vous avez profité de cette gé-
néreuse pitié que vous accordait la
nation française, pour piller le trésor et le château ; vous avez emporté
jusqu'aux diamans de la couronne, vol
manifeste que vous faites à la nation
à qui ils appartiennent ; ce dernier
trait, qui achève de vous déshonorer,
change en mépris la compassion que
les honnêtes gens conservaient encore

pour vous. Insatiables ! n'aviez - vous
donc pas encore assez pris sur le trésor pour faire passer des sommes im-
menses en Angleterre, pour enrichir
les prêtres et les chouans qui partent
avec vous, pour vous aider à *dévorer*
le sang de la nation que vous avez indignement outragée par votre orgueil
et le mépris que vous aviez pour tout
ce qui ne tenait pas aux castes privilé-
giées, et surtout pour cette noble armée qui avait à vos yeux l'irréparable
tort d'avoir étendu la gloire du peuple
français, que vous détestez, et à qui
vous n'eussiez jamais pardonné de vous
avoir chassé une première fois.

On a vu quelquefois Louis *le Dissi-
mulé*, adresser à des chefs des paroles
honnêtes, avec un air d'aménité que
démentait la fausseté de ses regards :
ah ! qu'il le connaissait bien ce comte
de Mont-Gaillard, qui vivait à la cour,
et qui, en le peignant sous le nom du
comte de Lille, qu'il avait pris lorsqu'il abandonna son frère, disait de lui :

« Ce prince a beaucoup d'instruction, son esprit est cultivé, ses manières
sont affables : mais il est essentielle-
ment faux et perfide. Il a la pédan-
terie d'un rhéteur, et son ambition est
de passer pour un homme d'esprit. Je
ne le crois susceptible ni d'un sentiment généreux ni d'une résolution
forte. Il n'a jamais oublié, il ne par-
donnera jamais une injure, un tort,
un reproche. Il craint la vérité et la
mort. Entouré de ruines et de flatteurs,
il n'a conservé de son ancien état que
l'orgueil et les vices qui l'en ont fait
descendre. Le malheur a beau l'acca-
bler tout entier, il n'ose point le regarder en face : aussi quelque rigou-
reuse que puisse être pour lui l'adver-
sité, il ne trouvera de justification que
dans l'âme des hommes lâches et petits,
on le verra mourir dans le lit de la
proscription, après avoir épuisé la pitié de tous les souverains. Ce prince
frémit à la vue d'un faisceau de piques
et de dards ; et il prononce sans cesse

le nom d'Henri IV. Intrigant dans la paix, inhabile à la guerre, jaloux à l'excès d'un triomphe littéraire et non moins avide de richesses que passionné pour la représentation ; ennemi de ses véritables amis, et esclave de ses courtisans, ombrageux et défiant, superstitieux et vindicatif, toujours double dans sa politique, et faux jusque dans les effusions de son cœur ; tel est le *Comte de Lille*, ce prince que le hasard avait placé si près du premier trône de l'Univers, sans lui donner aucune des qualités qui commandent le respect ou qui gagnent l'amour des peuples. Nul doute que, dans les tems les plus heureux, il n'eût laissé échapper de ses mains les rênes de l'empire. Son règne eût été celui des favoris, et la France aurait eu à supporter à la fois toutes les petitesses du roi Jacques, et toutes les profusions d'Henri III. »

Il n'est personne ayant fréquenté la cour de Louis XVI, qui n'affirme que *Monsieur*, alors Comte de Provence, n'y eût une très-mauvaise réputation , les troubles de la révolution nous ont fait connaître ses projets et prouvé sa lâcheté; et sans nous reporter au passé, ne vient-il pas de justifier à nos yeux la vérité du portrait qu'en a fait le comte de Mont-Gaillard , dont on peut consulter les Mémoires , avec d'autres écrits du même tems , qui prouvent l'odieuse conduite de ce prince envers son frère, l'infortuné Louis XVI. Une dissimulation perfide , fruit de ses méditations pendant plus de vingt-cinq ans de malheurs et d'exil, n'a pu nous cacher ses plans de vengeance ; il rugissait en secret de ne pouvoir les exécuter d'un seul coup : mais on l'a vu, petit à petit, désigner ses victimes , et commencer à leur égard une persécution qu'il n'eût pas abandonnée jusqu'à ce qu'il les eût entièrement immolées à sa fureur. Il cherchait à faire croire qu'il voulait venger son frère , lui, qui dans les commencemens de la révolution l'avait horriblement trahi , qui ensuite l'abandonna si lâchement, et qui se parant du nom d'Henri IV, vient exiger de nous des tributs d'amour et de respect. Le lâche ! après avoir, par des placards les plus incendiaires, cherché à exciter la guerre civile en France, il a fui, lors même qu'il venait *poétiquement* de jurer qu'il voulait terminer sa carrière en mourant à la tête de son parti.

Il fuit et abandonne à la générosité du vainqueur le petit nombre de fous et d'imbécilles qu'avaient séduits l'or qu'il a prodigué, et les brillans engagemens qu'il lui aurait été impossible de tenir ; mais son âme dévote n'était-elle pas bien sûre de trouver, pour éluder ces nouvelles promesses, les mêmes moyens qu'elle avait trouvés pour violer la charte constitutionnelle ?

Quel roi nous avaient donné Georges et ses ministres ! Sous prétexte de travailler, il se retirait en secret pour digérer à son aise ces repas splendides dont il avait été sevré les dix-huit pre-

mières années de son prétendu règne.
Il abandonnait les rênes de son gouvernement entre les mains du comte de
Blacas, son mentor, qui lui-même avait
le sien dans son fidèle abbé ***, régu-
lateur de toutes ses pensées; celui-ci
de son côté avait assez de modestie
pour ne pas s'en rapporter entièrement
à lui, et ne donnait aucun avis au premier ministre sans avoir auparavant
consulté son valet-de-chambre et sa
maîtresse; de sorte que les ordonnances
bizarres de sa majesté *gastronôme*
étaient préparées d'avance par un valet, un prêtre et une catin. Après ce
roi venait le fameux d'Artois, la luxure
personnifiée, ce prince *aimable* et *char-
mant* dont la figure *ouverte* et *distin-
guée*, ainsi que *l'esprit brillant et chevaleresque*, (disaient les folliculaires
gagés), devaient enchanter tout le
monde ; sur cette figure ignoble où
était empreinte la bêtise qu'accom-
pagnait un rire niais qu'il avait cru
nécessaire pour se populariser, on dis-

tinguait très-visiblement les effets de la
vie licentieuse qu'il avait menée ; on y
trouvait les marques de ce libertinage
effréné qui a couvert son nom d'un
opprobre qui eût rejailli sur la couronne, si jamais il l'avait portée ; mais
usé par la débauche et par les excès en
tous genres auxquels il se livrait encore
malgré son âge, ses infirmités et la dé-
votion qu'il affichait, il n'aurait pu sur-
vivre à son frère, à moins que celui-ci
n'eût trouvé dans une indigestion la fin
de sa glorieuse carrière. Si Charles-Phi-
lippe était parvenu à la couronne, c'eût
été sans doute le règne des femmes. Mais
non ! il eut remis le sceptre à des favoris pour se livrer entièrement à ses
penchans : les prêtres n'auraient pas
joué le moindre rôle sous ce règne,
pendant lequel l'inquisition aurait pré-
paré le développement de la puissance
qu'elle eut exercé sous le suivant ; mais
cette bravoure héroïque tant vantée,
qu'il a prouvée on ne sait où ni
quand ; cette humeur *chevaleresque.*

qui en faisait la *fleur des paladins français*, l'aurait sans doute entraîné dans les champs de Mars, et, conduite par la victoire, sa valeur nous eut fait recouvrer cette Belgique, qu'une séduction de plus nous a fait perdre; ou bien aurait-il aliéné quelques provinces de cette France qu'à son arrivée il eut cédé, si on lui avait seulement laissé Paris, Bordeaux, un petit coin de la Champagne et de la Bourgogne, avec le pays de Caux et le canton d'Arles, si renommé pour les belles femmes? Après ce preux chevalier qui aurait pris la couronne, aurions-nous eu pour roi l'inepte et bigot d'Angoulême, ou l'intempérant et irrascible Berri? L'orgueilleuse duchesse d'Angoulême aurait-elle voulu consentir à régner sur des Français à qui elle ne prenait même pas la peine de cacher la haine invétérée qu'elle leur porte? Envain un peuple aimant et sensible l'avait-il prise en affection, à cause des malheurs qu'elle avait éprouvés dans sa jeunesse, et des mauvais traitemens dont l'accablait son brutal époux ? Envain se portait-on en foule sur son passage, pour lui donner des preuves de l'intérêt qu'inspirait la fille de Louis XVI, cette princesse que des malheurs réels rendaient intéressante et en quelque sorte chère à la nation ? A sa vue, des transports de respect et d'amour éclataient vivement de toutes parts ; mais un salut froid et dédaigneux, un regard méprisant qu'elle ne pouvait réprimer, étaient le triste prix des acclamations d'un peuple qui plaignait en elle un roi vertueux, mais trop faible, un roi qui voulut le bonheur de ses sujets, mais que la noblesse a trahi, et qui comptait parmi ses ennemis les objets de ses plus tendres affections : une épouse inconsidérée, écoutant trop facilement de perfides conseils, et qui, par une conduite légère et de folles prodigalités, épuisait les trésors de l'Etat ; des frères dont l'un menait une conduite dépravée déshonorant le trône qu'il approchait, et l'autre, par

son hypocrisie et ses infernales machi-
nations, le minait secrètement : tous
deux épuisant les coffres pour satisfaire leurs passions ; un duc d'Orléans
qui perdait l'un ouvertement, en l'en-
traînant dans la débauche la plus cra-
puleuse, et qui excitait secrètement
l'autre à la révolte afin de le perdre
plus promptement, et qui, victime de
ses propres perfidies, vint porter sur l'é-
chafaud sa tête criminelle, en impri-
mant à son nom une tache ineffaçable ;
des princes et des prélats bouffis d'orgueil, des femmes perdues, des gens de
tous rangs dilapidant les finances pour
satisfaire un luxe effréné ; le jeu le plus
désordonné était devenu le premier
besoin de cette cour dépravée, dont
Louis XVI était presque le seul hon-
nête homme. Il paya de sa vie sa fai-
blesse et ses criminelles complaisances
pour ceux qui le perdaient et l'avilis-
saient aux yeux de la nation opprimée.
Et c'est le reste de cette cour qui venait
aujourd'hui nous insulter par un or-

gueil que n'a pu abattre vingt-cinq ans
d'un exil que la plupart ont passé dans
la honte et dans l'ignominie dont ils se
sont couverts par leurs bassesses dans
les pays étrangers ! C'est sans doute
cette infamie qu'ils voulaient cacher
par leur insolente fierté et la morgue
avec laquelle ils regardaient les braves
et les hommes de mérite en tous genres
qui s'étaient illustrés au service de la
patrie ; ils leur reprochaient des biens
légitimement acquis et qu'ils espéraient
leur ravir.

Cette époque ne paraissait pas éloi-
gnée où, pour satisfaire une poignée
d'intrigans pour la plupart méprisables,
on aurait ruiné la moitié de la France et
mécontenté toute la nation. Vils transfuges ! retournez végéter ignorés dans les
repaires d'où vous sortiez ! Mais non.
Grâces à vos dilapidations, vous empor-
tez assez d'argent pour afficher un luxe
insolent et déshonorer encore le nom
français, si vous ne veniez de le perdre
de nouveau en fuyant aussi lâche-

ment que vous l'avez fait. Allez noyer votre honte dans une opulence que vous n'avez acquise qu'aux dépens de ceux qui avaient noblement servi leur pays et qu'en pillant le trésor où étaient déposées les impositions qui devaient être employées à payer les dettes de l'état ; trop heureux encore d'être à ce prix débarrassés de vous, qui eussiez ruiné la France sous Louis XVIII comme vous l'aviez fait sous Louis XVI. Gardez-vous surtout de reparaître sur une terre qui serait à l'instant rougie de votre sang, si vous osiez venir attaquer ceux qui la défendent. Lâches ! vous tremblerez de frayeur, en retrouvant dans les camps ces guerriers dont vous avez provoqué la colère et excité le mépris par votre orgueil dans les salons d'un roi dont vous étiez les enfans de prédilection. Flagornez-le encore, ainsi que vos princes ; prêtez-leur toutes les vertus, mais soyez mesurés pourtant, parce que vos louanges, si outrées qu'elles soient, ne pourront plus être

payées que par quelques dîners, ou
tout au plus par des titres chimériques
ou de ridicules décorations ; mais plus
de ces emplois lucratifs, de ces pensions solides et de cette faveur réelle
près d'eux, dont vous faisiez un hon-
teux trafic; ils ne peuvent plus vous en
offrir que le simulacre, et ils doivent
perdre l'espoir de jamais vous donner
autre chose : la faute vous appartient ;
ils la partagent avec vous pour avoir
autorisé votre conduite inconsidérée. Vous avez trop hautement affiché
vos prétentions, et vous avez trop
tôt commencé à mettre vos projets à
exécution. La bonne foi de la nation ne
lui permettait pas de présumer qu'on
la trahirait ainsi. Avec un peu plus
d'art, vous eussiez réussi dans vos cri-
minels complots, et la France se voyait
encore une fois asservie ; heureuse-
ment que vous avez levé le masque pendant que nous étions encore en force ;
nous nous sommes mis aussitôt sur nos
gardes. Vos princes avaient su se

soustraire au serment d'obéissance à cette charte que nous voulions bien considérer comme agréée par nous, malgré l'irrégularité de l'acte illégal qui tâchait d'en faire un monument national, et nous ne tardâmes pas à nous apercevoir que nous étions indignement trompés.

Les princes ne dissimulent pas leur intention de détruire la seule barrière que nous avions contre l'oppression : et comme ils ne reconnaissent pas la charte, et que celui qui a juré de la maintenir, la viole tous les jours, on ne se cache plus : tout ce qui a été fait précédemment est attaqué, et tout présage un bouleversement général. Les colonies sont remises sur l'ancien pied : des *conseils supérieurs*, des *amirautés*, des *droits féodaux* y sont établis : c'est là le signal. En France, des évincemens particuliers se font partout pour placer des créatures ; toutes les institutions sont renversées, les tribunaux désorganisés pour préparer le retour des *parlemens* et *des anciennes cours ;* l'Institut est révolutionné ; les victimes sont désignées ainsi que les remplaçans, et pour y faire entrer des évêques et d'autres gens dont, loin de connaître le mérite, on soupçonnait à peine l'existence ; on veut effacer les noms les plus distingués ; on éloigne du sanctuaire des sciences et des arts ceux dont le crime était de les avoir propagés, et, pour y faire siéger l'ignorance et la paresse, on en exclut le génie et la vertu ; de nouvelles listes de proscriptions se préparent en silence, et bientôt un immense éteignoir couvrira le foyer des lumières. *Guerre aux talens, guerre aux vertus* devient le cri de ralliement des agens des ténèbres ; tout se prépare pour frapper le grand coup ; on n'attend plus que la fin du Congrès et la réussite des projets jusqu'ici échoués contre *l'esprit de l'île d'Elbe,* dont on craint l'apparition ou plutôt le rappel par la nation opprimée et condamnée à devenir la proie d'une poignée de misérables ; mais la joie des conjurés trahit leur secret. Le peuple consterné gémit en silence : on voit se rapprocher tous les élémens d'une guerre civile qui doit éclater avant un an. Toutes les idées se portent vers le Midi ; toutes les espérances des amis de la tranquillité et de la gloire nationale se réunissent vers un même point. On désire la Régénération, et cependant on n'ose l'espérer ; on redoute pour l'avenir les malheurs du passé ; on souffre du mal présent ; on désire le remède et pourtant on le craint ; le chagrin et l'inquiétude s'emparent de tous les esprits raisonnables, on voudrait connaître les plus secrettes pensées de celui que l'on sait bien avoir le pouvoir de changer notre destinée, on n'ose former que des vœux imparfaits : on hésite, on se résignerait presqu'à tolérer le désordre actuel, si l'on n'en prévoyait les funestes conséquences , et si l'honneur national n'était aussi cruellement compromis. On est agité de pressentimens que l'on ne peut définir; on est consumé d'une langueur mortelle, sous laquelle on est prêt à succomber. Lorsque tout à coup nos Aigles reparaissent avec les braves qui gardaient ce feu sacré qui, retiré dans l'île d'Elbe, avait laissé une étincelle dans les cœurs vraiment français. Dans un instant tous sont électrisés; les ténèbres qui nous environnaient se dissipent; le crime fuit avec la honte et le fanatisme; tout rentre dans l'ordre; la raison reprend son empire, et nous volons vers NAPOLÉON, qui revient avec cette devise : *Oubli du mal, souvenir du bien.* Français ! qu'elle soit aussi la nôtre ! qu'elle devienne le gage de notre bonheur et du sien ! Notre accueil lui donne la mesure de ce que peut attendre de la Nation française, un Souverain qui saura veiller aux intérêts de sa gloire, sans nuire à ceux de sa félicité.

Français, quelles que soient nos opinions, rallions-nous tous autour de l'Aigle impériale, c'est le seul moyen de prévenir des troubles qui perdraient à jamais notre patrie. Le gouvernement actuel, en se maintenant dans les justes limites qu'il s'est fixées, est le seul qui nous convienne. Sous lui, une petite quantité d'individus ne pourra plus en faveur de ridicules et prétendus droits de naissance, opprimer le reste de la Nation, nous ne serons esclaves ni du clergé, ni de la noblesse (*). Une constitution

---

(*) Quand nous parlons des nobles, dans cet écrit, nous ne prétendons pas désigner tous les individus qui appartiennent à cette classe, il en est un grand nombre qui ont servi avec gloire dans nos armées, qui ont occupé avec honneur différens emplois, ou qui, restés simples particuliers, se sont fait remarquer par leur patriotisme et la modération de leurs principes. Ils étaient déchus de leur noblesse aux yeux des autres, qui ne les distinguaient des roturiers que par une haine plus forte, et un mépris moins marqué; beaucoup d'entr'eux entraînés par de fatals exemples, et par des préjugés dont ils sont revenus, pour la plupart, avaient quitté la France, pour servir une cause qu'ils ont abandonnée. Nous aussi nous cessons de les regarder comme appartenant à la caste nobiliaire, et nous les considérons Citoyens français partageant avec les autres toutes les prérogatives de ce beau titre. Sous le gouvernement actuel leurs noms ne porteront point obstacle à leur avance-

libérale garantira nos droits ; il n'exis-
tera qu'une seule classe, la **NATION**.
Chacun des membres de cette grande
famille, pourra aspirer à tous les emplois, dès qu'il sera capable de les
remplir : le savoir sera le seul droit ;
les honneurs et les titres, récompense
du mérite, ne porteront point atteinte
à notre liberté, et ne seront désormais
qu'un puissant motif d'émulation. Partisans des Bourbons, s'il en existe encore, abjurez une erreur qui vous de-
viendrait funeste, en vous livrant à
des regrets superflus ; ne vous abusez
pas d'un chimérique espoir. Ils ne re-

---

ment, il est bien prouvé que depuis longtems
pour leur accorder des places, on avait égard à la
perte d'une fortune qu'ils abandonnèrent, séduits
par un faux point d'honneur, ou forcés par d'im-
périeuses circonstances. Nous les comptons au
nombre des amis de l'ordre et de la tranquillité,
qui se réuniront pour repousser les folles tentatives de ces orgueilleux insensés qui voulaient tout
renverser pour s'élever sur les ruines, et punir
tous ceux, sans exception, qui avaient pris une
part quelconque à tout ce qui s'était fait d'utile et
de raisonnable, pendant les vingt-cinq années de
leur exil.

viendront jamais. Leurs tentatives n'auraient d'autres résultats que d'ajouter
à leur honte, et de leur occasionner
des dépenses en pure perte; ils doivent s'en abstenir s'ils veulent épargner
le sang français, et surtout celui de
leurs satellites, qui trouveraient une
mort ignominieuse et certaine dans une
entreprise dont l'absurdité suffit pour
nous rassurer. Il n'y a que des fous
et des furieux qui pourraient s'armer
pour une cause aussi solennellement
perdue; il n'y aurait que des traîtres qui
pourraient seconder leurs projets insensés, qui n'aboutiraient qu'à la ruine et
à la dévastation des contrées qui seraient
le théâtre de ces folles expéditions.

Que notre confiance et notre union
ramène le calme et l'abondance! unis-
sons nos efforts pour seconder le gouvernement sur lequel nous devons compter, parce qu'aujourd'hui sa prospérité
dépend de la nôtre, ses intérêts étant liés
à ceux de la nation entière, qui ne pourra
consister pour lui en un petit nom-

bre d'individus privilégiés : repoussons sur-tout les tentatives perfides que l'on ferait auprès de nous pour fomenter des dissentions civiles, elles ne seraient faites que par des scélérats qu'il est de notre devoir, comme de notre honneur, de livrer au glaive de la justice nationale. Il est une autre espèce de traîtres que cette justice atteint moins facilement, ce sont les alarmistes, les propagateurs de mauvaises nouvelles, qui ne craignent pas de débiter les plus absurdes mensonges ; quelquefois ce sont des gens crédules dupes de leur simplicité et de la bonhommie avec laquelle ils accueillent les rapports les moins dignes de foi ; mais le plus souvent ce sont des malveillans, des partisans ou des brandons de discordes, et des agens de l'étranger. Il est une juste punition pour eux, c'est le mépris avec lequel on accueille leurs nouvelles. Tenons-nous en garde contre des bruits mensongers , dont la probabilité est presque toujours détruite par le plus léger examen ; rejettons toutes ces im-

postures, et que leurs auteurs retour-
nent vers ceux qui les alimentent, leur
raconter le peu de succès de leurs
odieuses manœuvres. FRANÇAIS, nous
sommes encore la GRANDE NATION;
que tous les citoyens s'unissent! une
attitude noble et ferme nous débarras-
sera des petites menées de la malveil-
lance intérieure, et en même tems en
imposera aux étrangers qui seraient
assez ennemis de leurs intérêts pour
venir s'opposer à l'entière régénération
de cet EMPIRE, dont ils ont éprouvé la
force et la puissance, et dont l'Aigle
triomphante reparaît plus vigoureuse et
plus terrible que jamais, armée de ces
mêmes foudres qui après les avoir déjà
renversés tant de fois, ne les atteindraient
aujourd'hui que pour les anéantir.

EXTRAITS DU MONITEUR.

DISCOURS

Prononcé par MONSIEUR, *frère du* ROI, *en l'Assemblée générale des Représentans de la Commune de Paris, le samedi* 26 *décembre* 1789.

MESSIEURS,

LE désir de repousser une calomnie atroce m'améne au milieu de vous. M. de Favras a été arrêté avant-hier par ordre de votre comité des recherches, et l'on répand aujourd'hui avec affectation que j'ai de grandes liaisons avec lui. En ma qualité de citoyen de la ville de Paris, j'ai cru devoir vous instruire moi-même des seuls rapports sous lesquels je connais M. de Favras.

En 1772, il est entré dans mes gardes-suisses; il en est sorti en 1775, et je ne lui ai pas parlé depuis ce te époque. Privé depuis plusieurs mois de la jouissance de mes revenus, inquiet sur les paiemens considérables que j'ai à faire en janvier, j'ai désiré pouvoir satisfaire à mes engagemens, sans être à charge au trésor public. Pour y parvenir, j'avais formé le projet d'aliéner des contrats pour la somme qui m'était nécessaire : on m'a représenté qu'il serait moins onéreux à mes finances de faire un emprunt. M. de Favras m'a été indiqué, il y a environ quinze jours, par M. de la Châtre, comme pouvant l'effectuer par deux banquiers, MM. Schaumel et Sartorius. En conséquence, j'ai souscrit une obligation de

deux millions, somme nécessaire pour
acquitter mes engagemens du commen-
cement de l'année, et pour payer ma
maison; et, cette affaire étant purement
de finance, j'ai chargé mon trésorier de
la suivre. Je n'ai point vu M. de Favras;
je ne lui ai point écrit; je n'ai eu aucune
communication quelconque avec lui. Ce
qu'il a fait, d'ailleurs, m'est parfaitement
inconnu.

Cependant, Messieurs, j'ai appris hier
que l'on distribuait avec profusion, dans
la capitale, un papier conçu en ces
termes :

« Le marquis de Favras (place Royale)
» a été arrêté avec madame son épouse,
» la nuit du 24 au 25, pour un plan qu'il
» avait fait de faire soulever trente mille
» hommes, pour faire assassiner M. de
» la Fayette et le Maire de la ville, et
» ensuite de nous couper les vivres.
» MONSIEUR, frère du Roi, était à la tête. »
Signé BARAUZ.

Vous n'attendez pas de moi, sans doute, que je m'abaisse jusqu'à me justifier d'un crime aussi bas; mais, dans un temps où les calomnies les plus absurdes peuvent faire aisément confondre les meilleurs citoyens avec les ennemis de la révolution, j'ai cru, Messieurs, devoir au Roi, à vous, et à moi-même, d'entrer dans tous les détails que vous venez d'entendre, afin que l'opinion publique ne puisse rester un seul instant incertaine. Quant à mes opinions personnelles, j'en parlerai avec confiance à mes concitoyens. Depuis le jour où, dans la seconde assemblée des Nobles, je me déclarai sur la question fondamentale qui divisait encore les esprits, je n'ai pas cessé de croire qu'une grande révolution était prête; que le Roi, par ses intentions, ses vertus, son rang suprême, devait en être le chef, puisqu'elle ne pouvait pas être avantageuse à la nation,

sans l'être également au monarque; enfin,
que l'autorité royale devait être le rem-
part de la liberté nationale, et la liberté
nationale, la base de l'autorité royale.

Que l'on cite une seule de mes actions,
un seul de mes discours, qui ait démenti
ces principes, qui ait montré que, dans
quelques circonstances où j'aie été placé,
le bonheur du Roi, celui du peuple aient
cessé d'être l'unique objet de mes pensées
et de mes vœux : jusque-là, j'ai le droit
d'être cru sur ma parole. Je n'ai jamais
changé de sentimens ni de principes, et
je n'en changerai jamais.

DISCOURS

Adressé à Monsieur, *frère du* Roi, *par
M.* Bailly, *Maire.*

C'est une grande satisfaction pour les
représentans de la commune de Paris,

de voir parmi eux le frère d'un Roi chéri, d'un Roi le restaurateur de la liberté française. Augustes Frères, vous êtes unis par les mêmes sentimens ! MONSIEUR s'est montré le premier citoyen du royaume, en votant pour le Tiers-Etat dans la seconde assemblée des Nobles ; il a été presque le seul de cet avis, du moins avec un très petit nombre d'amis du peuple, et il a ajouté la dignité de la raison à tous ses autres titres, au respect de la nation. MONSIEUR est donc le premier auteur de l'égalité civile ; il en donne un nouvel exemple aujourd'hui, en venant se mêler parmi les représentans de la Commune, où il semble ne vouloir être apprécié que par ses sentimens patriotiques : ces sentimens sont consignés dans les explications, que MONSIEUR veut bien donner à l'Assemblée. Le Prince va au-devant de l'opinion publique ; le citoyen met le prix à

l'opinion de ses concitoyens, et j'offre à
MONSIEUR, au nom de l'Assemblée, le
tribut de respect et de reconnaissance
qu'elle doit à ses sentimens, à l'honneur
de sa présence, et sur tout au prix qu'il
attache à l'estime des hommes libres.

MONSIEUR a ajouté :

Le devoir que je viens de remplir a
été pénible pour un cœur vertueux ; mais
j'en suis bien dédommagé par les sentimens que l'Assemblée vient de me té-
moigner, et ma bouche ne doit plus
s'ouvrir que pour demander la grâce de
ceux qui m'ont offensé (1).

---

(1) Après le départ de *Monsieur*, l'Assemblée a en-
joint à son procureur-syndic de poursuivre les coupables, au nom de la Commune, pardevant les tribunaux
qui en doivent connaître.

EXTRAIT DU MONITEUR.

Du 20 Germinal an 6 de la République française.

—

La pièce qui suit est extraite des papiers trouvés chez Durand Maillanne, et a été lue dans le cours de la procédure relative à cet ex-conventionnel.

Cette pièce est en marge, cotée et signée par Durand Maillanne, qui a observé à la suite de sa signature, qu'il l'a signée sans la juger, et comme étrangère à son affaire ; il n'a pas dit si elle était étrangère à ses opinions.

« On entend dans toutes les langues par le mot *émigration*, car celui d'*émigré* ne se trouve dans aucun dictionnaire, des personnes qui ont quitté volontairement leur patrie pour aller se fixer ailleurs.

» Rien n'est plus fait pour justifier de l'égarement de l'esprit public et individuel en France, que l'application que l'on y a fait du mot *émigré*, aux rebelles, aux traîtres, aux factieux, aux proscrits, aux peureux, aux fuyant la mort; car je pose en fait que sur plus de quatre cent mille hommes qui sont sortis de France, il n'y en a pas un qui l'ait fait avec intention de s'expatrier. Rien donc de plus absurde que cette application du mot *émigré* à des victimes de la méchanceté humaine.

» Il faut fixer l'opinion sur ce point; pour pouvoir le faire, il faut savoir la vérité sur toutes les choses; afin de donner une idée juste des causes de nos maux, seul moyen d'y mettre fin.

» On sait que lors de l'assemblée des notables le bureau de Monsieur, frère du roi, fut absolument contraire à tous les autres : ce prince calculait depuis long-temps les moyens de se faire, tout au moins, nommer régent du royaume. Il a varié dans ses projets; son dernier fut de ressusciter la grande féodalité, et voilà pourquoi il acquit des terres dans toutes les provinces, afin d'avoir une souveraineté dans toutes.

» Il n'y a aujourd'hui que très-peu de personnes qui savent qu'il est l'auteur du dépôt des pièces qui fut fait au parlement de Paris, lors de l'assemblée des notables, par le duc Fitz-James, au nom des ducs et pairs du royaume : ces pièces mensongères avaient été forgées dans un conciliabule, pour priver les enfans du roi de l'héritage de leur père. La couronne devait passer aux enfans du comte d'Artois (1).

____

(1) On a remarqué une observation de Monsieur, au baptême de Madame, fille du Roi. On sait que ce prince tenait l'enfant sur les fonts pour le roi d'Espagne. Le grand-aumônier lui a demandé quel nom il voulait lui donner; Monsieur a répondu : « Mais ce n'est pas par » où l'on commence; la première chose est de savoir » quels sont les père et mère; c'est ce que prescrit le

» Le duc d'Orléans a été partisan de ce projet, qu'il a ensuite abandonné, dirigé en cela par le cabinet de Londres.

» Lafayette a également trempé dans ce complot, mais seulement pour masquer le sien. Tous ceux qui ont été en Amérique avec lui déposeront qu'ils lui ont entendu dire publiquement, et plus d'une fois : quand est-ce donc que je me verrai le Wasingthon de la France ? Il

---

» rituel ». Le prélat a répliqué que cette demande devait avoir lieu lorsqu'on ne connaissait pas d'où venait l'enfant ; qu'ici ce n'était pas le cas, et que personne n'ignorait que Madame était née de la reine et du roi. Son Altesse Royale, non-contente, s'est retournée vers le curé de Notre-Dame, présent à la cérémonie, a voulu avoir son avis, lui a demandé si lui curé, plus au fait de baptiser que le cardinal, ne trouvait pas son objection juste. Le curé a répliqué avec beaucoup de respect, qu'elle était vraie en général ; mais que dans ce cas-ci, il ne se serait pas conduit autrement que le grand-aumônier : et les courtisans malins de rire. Tout ce qu'on peut inférer de là, c'est que *Monsieur* a beaucoup de goût pour les cérémonies de l'église, est fort instruit de la liturgie, et se pique de connaissances en tout genre.

(*Voyez* Bachaumont, 12 janvier 1779, tom. 2.)

*

voulait en faire une république fédérati-
ve, s'il eût été nommé maire de Paris; il
avait pour lui la garde nationale; on l'aurait vu sauter de son fauteuil de maire sur
le trône.

» Le marquis de Favras a été sacrifié à
l'ambition de Monsieur, qui s'était lié
d'intérêt avec Lafayette pour conduire le
roi à Péronne, et se faire nommer régent
du royaume. Si ce projet eût réussi, il aurait fait usage des pièces déposées au parlement pour faire déclarer que ses enfans
n'étaient pas de lui.

» La fuite du roi avait été concertée par
M. de Mercy, de Breteuil et Thugut; l'un
et l'autre ayant pour objet de déjouer les
projets de Monsieur, du duc d'Orléans
et de Lafayette. Le roi, qui était encore
dans l'ignorance de toutes choses, mit son
frère dans la confidence; et celui-ci, pour
tourner à son profit sa fuite, y mit le sieur

Lafayette, qui, à son tour, trompa tout le monde.

» On sait que le roi sortit du château des Tuileries avec son frère ; qu'ils prirent la même route ; que Monsieur se sépara de son frère, que Lafayette favorisa la fuite de l'un et fit arrêter l'autre.

» On se rappelera aisément que ce fut le sieur Lafayette qui, sentant qu'il ne viendrait pas à bout de rien qu'autant que la noblesse serait dehors, fit décréter par l'assemblée, avant de quitter le commandement de la garde nationale, qu'il était libre à chacun d'aller et de venir hors du royaume.

» Monsieur fit circuler de Coblentz, dans tous les recoins du royaume, des lettres portant que la noblesse qui n'émigrerait point, serait rayée du tableau ; que l'officier qui serait resté à son corps en serait renvoyé ; que les personnes qui auraient accepté des emplois, en seraient chassées ; que l'acquéreur du bien du clergé le lui restituerait ; que tout serait rétabli sur l'ancien pied ; que les constitutionnels seraient pendus, et qu'on traiterait le tiers-état à coup de triques et de coups de pied dans le ventre.

» Ces lettres n'ayant point d'abord produit leur effet, il députa de Coblentz des intrigans vers le beau sexe, pour le prier de mettre l'émigration à la mode, et d'envoyer des quenouilles à ceux qui ne voudraient point sortir.

» Les prêtres, d'un autre côté, criaient à tout le monde, en leur qualité de bergers de l'esprit public : *A Coblentz ! à Coblentz ! faut-il donc que ce soit nous qui vous donnions l'exemple du courage et de la fermeté ?* Ces gentillâtres n'avaient jamais cherché de guides que le roman et dans la mode; et tous, conduits par les prêtres, les suivirent dans la madrague du temps.

» A leur arrivée à Coblentz, Monsieur, pour leur justifier que ce n'etait point la cause du roi qu'ils venaient embrasser, et que la déclaration du 23 juin était un piège que sa faction déroutée avait tendu au tiers-état, se fit remettre les croix et les brevets expédiés depuis cette déclaration, en preuve qu'il ne reconnaissait plus l'autorité de son frère, au nom de qui ces expéditions avaient été faites. Pour s'assurer de ceux qui avaient sorti de l'argent, il le leur emprunta; pour rassurer un chacun contre le mérite et les talens, il vendit les emplois; et pour prouver à tous qu'il était insensible à tout ce qui se faisait de mal au-dedans, il excita les spectacles, les bals, les jeux, les filles, et scandalisa jusqu'au roi de Prusse par son luxe et ses prodigalités. Ce monarque, pour lui faire sentir qu'il improuvait sa conduite, l'invita à dîner, ne fit servir que quatre plats, et lui dit qu'il n'était pas assez riche pour le traiter comme il l'avait fait.

» Le projet de Monsieur était, en faisant émigrer le clergé, la noblesse et les riches, de se former un parti dans le dedans, de leurs parens et amis, s'il n'eût point été trompé par des gens moins détestables que lui. Maître, à ce moyen, de l'opinion, il se serait fait déclarer régent du royaume, aurait dépouillé le roi des attributs de la royauté, aurait fait avaler à la reine, le calice des déboires jusqu'à la lie, et aurait fait usage contre leurs enfans, des pièces déposées au Parlement.

» Monsieur avait porté son attention sur toutes choses, afin de diriger l'opinion au gré de ses désirs; il avait attiré au-dehors tous les plus fameux spadassins, et tous ceux qui ont osé manifester une opinion contraire à la sienne, dire qu'une Constitution était nécessaire, ont été ou tués par ces spadassins, ou pen-

qu'on ne pardonne point à Coblentz ; et vous verrez tous les ci-devant nobles qui commardent encore aujourd'hui, ou qui ont commandé des armées républicaines, éprouver successivement le même sort ».

Effectivement, peu de temps aprés, Biron et ensuite Beauharnais furent guillotinés. Destaing, qui avait commandé en chef la garde nationale de Versailles, le fut de même.

» Est-ce pour maintenir ou pour venger la république qu'on a lancé les vingt-deux à l'échafaud ? qu'avait-on à leur reprocher ? Rien sans doute, puisqu'on a pris le parti de les condamner sans les entendre : leur véritable crime était de s'être dévoués au service de la cause du peuple, et d'avoir été en partie les fondateurs de la république, on les a jugés ici comme on l'eût fait à Coblentz.

» Voilà l'ex-comte de Mirepoix con-

damné : il avait cent mille écus de rente ;
il n'a point émigré, il fallait qu'il pérît.
Vous verrez toute la ci-devant haute noblesse, et tous les membres des parlemens, restés en France, punis même de
leur non-émigration.

-» D'Orléans, tout immoral qu'il était,
avait-il démérité de la faction dominante ?
N'est-il pas plus clair que le jour que
l'ordre de le traduire au tribunal révolutionnaire est venu de dehors ?

» Et ce malheureux Camille Desmou-
lins était-il contre-révolutionnaire ? lui,
qui depuis l'enfance ne respirait, ne
rêvait qu'indépendance et liberté ? La
révolution l'avait trouvé républicain, il
aimait la république comme Cicéron a
aimé sa patrie ; il haïssait la tyrannie
comme Tacite ; les vrais patriotes, les
républicains demeurés purs, peuvent lui
reprocher des erreurs ; et sur-tout une
prévention inconcevable en faveur du

monstre qui l'a livré à la mort. Mais quel était donc son crime ? était-ce d'avoir réclamé des mesures de clémence ? Robespierre lui - même avait approuvé son ouvrage. Son crime était d'avoir donné au peuple, le 12 juillet 1789 , le signal de la liberté , en arborant le premier la cocarde nationale, et d'avoir déterminé l'attaque et la prise de la Bastille ».

Toutes ces observations et une foule d'autres que j'omets , ou dont le souvenir m'est échappé , démontrent , 1°. que les décemvirs ne voulaient ni république ni républicain ; 2°. que leurs boucheries révolutionnaires étaient pour la plupart de véritables hétacombes que la sottise et la la trahison immolaient à la vengeance royale.

Je ne prétends pas que dans le nombre effrayant des assassinats juridiques qui ont souillé cette époque , il n'y en ait pas eu beaucoup qu'on ne peut attribuer qu'à des haines privées, à un système exécrable de désorganisation, et à l'exaspération d'un parti acharné à la ruine de tout ce qui pouvait lui porter ombrage; mais il n'en est pas moins certain qu'il est impossible de méconnaître, dans le cours de ces horreurs, l'influence de ceux qui espéraient encore hériter d'un trône qui n'existait plus.

En voulez-vous, citoyen, une preuve dont l'évidence doit frapper quiconque daignera y réfléchir? Parcourez la sanglante histoire de la Vendée.

Le comité de Salut-Public, et surtout Robespierre, étaient tous les jours avertis par des voies non suspectes, des atrocités qui se commettaient dans ces déplorables contrées. De toutes parts s'élévaient les plaintes les plus vives contre des généraux dont l'impéritie et les trahisons alimentaient cette guerre affreuse, et en attisaient l'embrâsement au lieu de s'appliquer à l'éteindre ; cependant le décemvirat ne se montrait pas moins obstiné à leur continuer sa confiance. Les auteurs de vingt défaites sanglantes et honteuses étaient maintenus dans leurs postes , tandis qne Guétineaud et Westermann payaient de leurs têtes les succès qu'ils avaient obtenu contre les rebelles.

L'estimable et malheureux Phélippeaux, indigné de tant de crimes et d'ineptie dont il avait été le témoin , essaie enfin de porter le flambeau sur tant d'horreurs trop long-temps méconnues ou dissimulées : il publie un Mémoire qui aurait dû ouvrir les yeux aux comités de gouvernement , s'ils eussent agi de bonne foi. Qu'arrive-t-il ? Au lieu de la couronne civique que méritait la courageuse franchise de ce vertueux républicain , Robespierre et ses complices l'envoient à l'échafaud. L'aurait-on traité différemment à Coblentz?

Personne n'ignore aujourd'hui que cette guerre si longue, si cruelle et si désastreuse, aurait pu, dans son origine, être étouffée sans peine, si le gouvernement l'eût voulu? Pourquoi donc a-t-il négligé de le faire? pourquoi s'offensait-il qu'on en révélât la honte et les fureurs? Il avait donc des raisons secrètes pour la prolonger; et ces raisons n'étaient absolument ni la gloire, ni le bonheur, ni la tranquillité de la république; et comme il n'y avait que le royalisme et ses chefs qui pussent en profiter, c'était donc pour eux et à leur institution qu'on se refusait à guérir et à fermer cette plaie horrible de l'Etat.

A des faits si concluans, permettez-moi, citoyen, d'en ajouter encore deux qui méritent d'être connus.

Vous vous rappelez que pour appaiser les cris des républicains détenus, le comité de Salut-Public et de Sûreté-Géné-

rale proposèrent à la Convention l'établissement de six commissions *popu-
laires*, qui devaient être chargés d'entendre les réclamations des patriotes in-
carcérés, et de préparer leur élargisse-
ment.

Que firent ces commissions ? Elles ne
trouvèrent que des coupables ; cependant
dans la maison d'arrêt où j'étais, un détenu fut élargi par elle. Vous allez peut-
être en conclure que c'était un patriote,
un républicain bien prononcé, puisque
ses juges étaient des républicains par
excellence. Que penserez-vous donc lorsque vous saurez que ce détenu avait été
incarcéré pour avoir dit dans sa section
*que la France n'était point propre à
former une république, et qu'elle ne
pouvait se passer d'un roi ?* C'était ce
que portait l'écrou de ce particulier ; et
c'est après avoir vu cet écrou que la com-
mission le mit en liberté, sans même

qu'il eût sollicité ou fait solliciter cette
faveur. Voilà, citoyen, quels étaient les
républicains qui présidaient alors à nos
destinées.

L'anecdote qui me reste à vous raconter, porte encore un caractère plus frappant d'intelligence entre Coblentz et le
tribunal révolutionnaire. Cependant, je
ne crains point de vous en garantir la
vérité, d'après le témoignage d'un citoyen dont la véracité m'est parfaitement
connue. Voici le fait.

Un ex-noble du ci-devant Dauphiné,
précédemment officier de dragons, et qui
avait quitté le service pour ne pas prêter
le serment à la république, est traduit,
sous le régime de la terreur, au tribunal
révolutionnaire de Paris. Brochet, un
des jurés de ce tribunal, lui demande *s'il
s'est trouvé à l'assemblée de Vixille* (1),
il répond qu'il ne s'y est point trouvé....
tu es bien heureux, lui dit le juré, *car*

tu l'aurais payé de ta tête, et il fut ac-
quitté.

Que peut-on conclure de ce fait, si-
non que le tribunal révolutionnaire de
Paris avait ordre de punir de mort ceux
qui, les premiers, avaient donné à la
France le signal de la révolution, et d'acquitter ceux qui avaient refusé de prêter
serment à la république? Un tribunal
présidé par le prétendant en personne,
aurait-il jugé d'une manière différente?
et peut-on, d'après un fait de cette nature,
révoquer en doute l'intelligence qui a
régné entre Coblentz et les membres du
régime anarchique.

Salut et Fraternité,

Signé ROUSSEAU.

. On doit se rappeler que ce fut à Vixille que les ci-
devant nobles Dauphinais s'assemblèrent pour faire rendre à la Province ses Etats et ses priviléges ; qu'ensuite
ils convoquèrent les trois ordres à Romans, et qu'il y fut
décidé que le tiers aurait une double représentation.

*Détails curieux sur la capitulation
du duc d'Angoulême.*

Le 11 avril 1815.

Voici quelques détails sur les circonstances qui ont accompagné la capitulation du duc d'Angoulême.

Le duc d'Angoulême avait passé le Rhône à Pont - Saint-Esprit, et s'était porté sur la Drôme, laissant derrière lui des troupes de ligne qu'il suspectait avec raison, et la grande majorité de la population réduite au silence, mais violemment indisposée par l'exaltation effrénée d'une poignée de royalistes.

Le général Gilly, exilé par le duc d'Angoulême dans ses propriétés à Remoulins, à six lieues de Nîmes, attendait le moment de se ranger sous l'Aigle impériale, à la tête de ses troupes paralysées et de cette population comprimée.

Les bonnes dispositions des gardes nationales du département du Gard étaient bien connues du général Gilly.

Le 3 avril, les officiers en demi-solde, le 63e régiment et la gendarmerie en résidence à Nîmes, cédèrent à leur impatience.

Le général Gilly, ayant reçu les instructions du ministre de la guerre, se rendit sur-le-champ à Nîmes : il invita le général Ambert, commandant la 9e. division militaire, à le seconder de tous les moyens qu'il pouvait avoir à sa disposition.

Celui-ci l'avait déjà devancé dans cette pensée, et son courier s'était croisé avec lui.

Ainsi secondé, le général Gilly se mit en marche le 7 avril au matin, pour se porter sur les derrières de la prétendue armée royale, qui était entrée le 3 à Valence.

Le 8, à six heures du matin, le baron de Saint-Laurent, colonel du 10e de chasseurs, faisant avant-garde au général Gilly, se présenta devant la ville de Pont-Saint-Esprit, gardée par environ 1000 hommes et plusieurs pièces d'artillerie; il les chargea vivement, entra dans la place avec les fuyards, traversa immédiatement le pont et s'empara de la redoute qui en formait la tête, sur la rive gauche du Rhône.

Par ce mouvement, le duc d'Angoulême se trouvait enfermé entre la Drôme, qu'il venait de repasser, le Rhône à sa gauche, les montagnes à sa droite, et la Durance devant lui.

Le général Gilly avait envoyé des partis dans toutes ces directions.

Le même jour 8, le duc d'Angoulême avait pris position à La Pallu, à deux lieues de Pont-Saint-Esprit, sur la route de Montélimart.

Une affaire de poste avait lieu au même moment à la Saulce, à trois lieues environ de Gap, sur la Durance. Ce poste occupé par la garnison de Gap renforcée de gardes nationales avec deux pièces d'artillerie, le tout sous les ordres du général Lasalcette, avait été attaqué par 900 volontaires royaux, sous les ordres du général Loverdo, et sous le commandement immédiat d'un chef de bataillon du 58e. Ce chef de bataillon a été fait prisonnier, son drapeau a été pris : 12 hommes sont restés sur le champ de bataille; le général Loverdo a été blessé.

Pendant cette affaire, le duc d'Angoulême envoyait de La Pallu le baron de Damas au général Gilly, pour proposer une capitulation. Il demandait qu'il lui fût permis d'aller s'embarquer à Marseille et de marcher à petites journées sous l'escorte du 10e régiment. Le général Gilly consentit à ce que le duc d'Angoulême pût se retirer sous escorte, et s'em-

barquer, non pas à Marseille, mais à
Cette. Il exigea que tout son monde mît
bas les armes, et fût considéré comme
prisonnier. Mais le tocsin, qui avait
sonné dans tout le Dauphiné, ayant fait
porter sur le flanc gauche du duc d'Angoulême un nombre considérable de
gardes nationales qui n'étaient pas sous
les ordres du général Gilly : elles ne vou-
lurent point reconnaître la capitulation,
et exigèrent qu'on attendît les ordres
de l'Empereur. Le lieutenant-général
Grouchi, étant arrivé, différa de la ra-
tifier et envoya ici un officier pour faire
demander les ordres de S. M. par le té-
légraphe.

DES DROITS AU TRONE,

Par B. LOUSI,

BELGE, *dévoué à la France.*

——

Dans des temps moins éclairés que celui où nous vivons, des peuples, esclaves d'obscurs tyrans, et se considérant comme leur propriété inaliénable, ont pu pousser la démence au point de s'entr'égorger pour ne point échapper à de tels maîtres; mais aujourd'hui que le flambeau de la raison et l'expérience ont fait évanouir le prisme fantastique qui fascinait les yeux et viennent se joindre à ce sentiment irrésistible de préférence qui s'attache à tout ce qui est réellement supérieur, dans un temps où même les dernières classes de la société ont aussi recueilli leur part de l'instruction qui résulte nécessairement du choc public des opinions, il ne peut plus y avoir ni dans l'esprit, ni dans le cœur, la moindre incertitude sur une question que quelques êtres aussi stupides que lâches ont osé poser.

Il s'agit, comme l'annonce le titre de cet écrit, de celle relative à ce droit si contesté, et dont les charges sont parfois si pesantes, à ce droit au trône, qui fait d'un grand homme l'esclave le plus mal-traité de son empire, en le forçant à consumer, pour des sujets souvent in-grats, sa vie dans des travaux et des veilles pénibles, consacrés à la recherche ou à l'application des moyens propres à assurer leur repos et leur bonheur, soit par l'affermissement de la tranquillité intérieure, soit en les rendant, par l'éclat de la gloire, par l'établissement de lois sages et protectrices de la prospérité des manufactures nationales, de l'agriculture, des arts et du commerce, et enfin, de grandes et utiles institutions, un objet de respect et d'envie pour les nations étrangères et rivales.

Si ce droit, considéré sous un autre point de vue que l'honneur du commandement, honneur si chèrement payé, est envisagé comme un bien désirable, qui oserait y prétendre après celui que la victoire a tant de fois proclamé le plus cher et le plus favorisé de ses fils, après ce monarque, aussi sage législateur que conquérant généreux, ce héros des héros, qui n'a pu être vaincu, mais qui a dû céder à l'âpreté d'un ciel de fer, inconnu aux braves phalanges qu'il avait accoutumées à vaincre, et à la plus odieuse série de trahisons dont l'histoire puisse transmettre le souvenir?...

Méritent-ils, ces êtres mal organisés, dont le regard ne peut supporter la vue de ce qui est au-dessus de leur nature, et qui voudraient tout abaisser jusqu'à eux, qu'on daigne (se bornant à un exemple pris dans la foule) leur demander quels sont les titres qui ont valu le trône au chef de ces Francs, fondateurs d'une monarchie qui ne nous offrait plus depuis long-temps qu'une race dégénérée, et dont les derniers rejetons ne savaient plus que répéter le nom d'un de leurs ancêtres (faute de pouvoir montrer quelques-unes de ses vertus), et fuir, après avoir tenté d'opposer le poignard de l'assassin à l'épée du brave?

Que d'exemples, s'ils valaient cette peine, ne pourrait-on pas opposer à ces misérables pigmées, qui voudraient en vain arrêter l'aigle dans son essor majestueux, de grands hommes élevés, par leurs vertus, leurs hauts faits et la reconnaissance publique à la dignité souve-

raine ? et quelle comparaison ne pourrait-on pas les forcer à établir ensuite ?...

Mais laissons ces hommes faits pour
le mépris de tout ce qui porte un cœur
noble, et qui ressemblent à ces sauvages
Africains lançant avec des imprécations
leurs flèches contre le roi des astres,
tandis qu'il versait sur eux des torrens
de lumière.

Rappelons-nous de ce que nous fûmes
et de ce que nous étions devenus, et
songeons bien, avec la connaissance que
nos derniers gouvernemens ont eux-
mêmes eu le soin de nous donner sur
leur esprit et leurs bienfaisantes vues, à
quel point on se proposait de nous faire
descendre et de nous rendre l'objet du
mépris des nations !

Au malheur général se joignaient des
infortunes particulières, faites pour dé-
chirer le cœur à tout autre qu'aux Bourbons et à leurs adhérens.

*

Qui énumérerait le nombre de victimes qu'avait déjà produit leur atroce
égoïsme !

Que de braves soldats, mutilés, ou
couverts d'honorables blessures ! que de
pères de famille, employés d'adminis-
trations et autres, privés sans pitié de
leur solde ou de leur place, ont été forcés, en attentant à leur existence, de se
dérober aux horreurs de leur sort !

Et qu'on ne dise pas que nos bourreaux
ignoraient le mal qu'ils faisaient, ou qu'ils
étaient dans l'impuissance d'y remédier;
car les murmures du peuple et de l'armée le leur avaient assez appris, comme
les sacrifices qu'ils s'étaient enfin, aux
derniers momens de leur règne désas-
treux, déterminés à faire à leurs pères,
ont assuré aux plus incrédules que ce
n'étaient pas les moyens qui leur man-
quaient.

Quelle espérance fonder sur un prince

qui se jouait ouvertement de tout ce qui
doit être sacré , non-seulement aux rois,
mais aux hommes qui respectent encore
quelque chose ?

Quelle classe de citoyens pouvait attendre un dédommagement ?

Le commerce pouvait-il compter sur
l'appui de l'esclave de l'Angleterre ?

Les arts, les professions utiles, que
tout gouvernement sage encourage et
protége , et que celui de l'Empereur ho-
norait et soutenait si noblement, de-
vaient-ils croire à la protection de la
sottise dédaigneuse et de la basse avarice?

A ces maux, dont la présence a dû
dessiller les yeux, joignons les menaces
de l'avenir.

Les menées pratiquées contre les ac-
quéreurs de domaines nationaux ne leur
annonçaient-elles pas la spoliation des
biens dont la vente avait été légitimée

par la désertion des anciens possesseurs, en vertu de ce droit commun, exercé par tous les gouvernemens à l'égard des transfuges ?

Ce droit, reconnu comme la juste peine des menaces faites à la sûreté de l'Etat, garantissait la propriété d'un semblable bien, et rendait aussi inviolable que tout autre ; mais plus rien de ce qui avait été fait depuis l'émigration, ne devait conserver d'existence ; et, à la reddition forcée des biens des soi-disant nobles, aurait bientôt succédé celle de ces soi-disant ministres du Seigneur, ou plutôt de ces apôtres de révolte, qui, déshonorant leur ministère, ne craignaient pas d'aller dans l'étranger exciter les haines, en appeler les effets sur la France (je ne dis point leur patrie, on sait qu'il n'en est point pour eux), et de venir ensuite, en soufflant le brandon des discordes civiles, armer les frères contre les frères, les pères contre les fils, pour satisfaire à cette soif inextinguible d'envahissement et de domination qui les entraîne sans cesse hors des limites du repos des peuples.

Les ministres fidèles, les plus vertueux pasteurs, qui reconnaissent qu'en matière du choix d'un souverain, la voix du peuple est la voix de Dieu, et qui rendaient par conséquent au César à qui cette voix avait donné la couronne, ce qui lui appartient; ceux-là n'eussent jamais rien obtenu que des persécutions; car les descendans de St.-Louis et de Henri IV, bien persuadés qu'elle les réprouve, et trop nourris de fiel, ont suffisamment démontré que leur religion n'est pas celle du Dieu qui pardonne.

Mais en revanche, comme les ex-nobles et les prêtres rebelles de toute espèce qui, ainsi que le bon Louis XVIII et sa famille, considéraient aussi la France comme un objet d'exploitation et leur patrimoine, eussent glané dans le champ de nos dépouilles! Et qui sait si, dans quelques années, nous n'eussions pas revu, comme au bon vieux temps auquel ils voulaient nous ramener, et les repaires de la féodalité, d'où les anciens châtelains s'élançaient sur le malheureux voyageur sans défense, et les saints tribunaux de l'inquisition!....

Ceci pourrait être considéré comme peu sérieux par des gens superficiels, qui ne voient jamais que le présent; mais ceux que l'observation et la connaissance du caractère et des vœux des hommes auxquels nous étions livrés, avaient mis à même de porter un jugement certain, ne pouvaient, pour peu qu'ils lui fussent attachés, voir le sort réservé à notre désolée patrie, sans un violent effroi.

Il nous reste actuellement à choisir, ou de nous placer au premier rang parmi les nations généreuses, en forçant, par le développement le plus énergique de tous nos moyens, nos ennemis à nous considérer d'un tout autre œil que des animaux faits pour être la propriété de celui ou plutôt de ceux qu'il leur aurait plu de nous donner pour maîtres, ou de devenir le peuple le plus avili de la terre, en nous mettant à la merci d'une famille déshonorée sous tous les rapports, et qui saurait bien nous punir de notre infamie.

Notre choix pourrait-il être un seul instant incertain? Non, un semblable doute serait trop injurieux à mes braves compatriotes; ils ne peuvent être que des modèles d'honneur, comme ils le sont de courage et de toutes les vertus qui anoblissent l'homme: ils savent que cet honneur est inséparable du glorieux chef qu'ils ont choisi, et prouveront à l'Univers que les Français, auxquels de vils folliculaires et quelques traîtres ont voulu faire partager leur ignominie, sont dignes de lui, en formant autour de sa personne un innombrable bataillon sacré.

C'est ainsi qu'ils sauront se conserver un bien auquel on ne chercherait point impunément à porter atteinte.

C'est ainsi, ô ma patrie ! ô terre si féconde en héros ! que tu sortiras victorieuse de toute lutte où oseraient s'engager d'aveugles et téméraires ennemis !